D0548802

Sé un líder de la comunidad

Cómo dar un discurso

Leslie Harper

Traducido por Alberto Jiménez

PowerKiDS press

New York

Published in 2015 by The Rosen Publishing Group, Inc.
29 East 21st Street, New York, NY 10010

Copyright © 2015 by The Rosen Publishing Group, Inc.

All rights reserved. No part of this book may be reproduced in any form without permission in writing from the publisher, except by a reviewer.

First Edition

Editor: Norman Graubart
Book Design: Joe Carney
Book Layout: Colleen Bialecki
Photo Research: Katie Stryker

Photo Credits: Cover Steve Debenport/E+/Getty Images; p. 4 Alexander Novikov/iStock/Thinkstock; p. 5 Gary John Norman/Iconica/Getty Images; p. 6 Rolls Press/Popperphoto/Getty Images; p. 7 Jon Levy/AFP/Getty Images; pp. 9, 13 SW Productions/Stockbyte/Getty Images; p. 10 moodboard/Thinkstock; p. 11 Comstock Images/Stockbyte/Thinkstock; p. 12 pojoslaw/iStock/Thinkstock; p. 15 Creatas Images/Thinkstock; p. 16 Roberaten/Shutterstock.com; p. 17 Jonathan Ross/Hemera/Thinkstock; p. 18 Photos.com/Thinkstock; p. 19 Fuse/Thinkstock; p. 20 Klaus Tiedge/Blend Images/Thinkstock; p. 21 Jupiterimages/BananaStock /Thinkstock; p. 22 Anthony Lee/OJO Images/Getty Images; p. 23 Caiaimage/Martin Barraud/Brand X Pictures/Getty Images; p. 25 Thinkstock Images/Stockbyte/Thinkstock; p. 26 Image Source/Getty Images; p. 27 Yellow Dog Productions/The Image Bank/Getty Images; p. 29 vm/iStock/Thinkstock; p. 30 Thinkstock /Stockbyte/Thinkstock.

Library of Congress Cataloging-in-Publication Data

Harper, Leslie.
[How to give a speech. Spanish]
Cómo dar un discurso / by Leslie Harper ; translated by Alberto Jiménez. — First edition.
    pages cm — (Sé un líder de la comunidad)
Includes index.
Includes webliography.
ISBN 978-1-4777-6917-1 (library binding) — ISBN 978-1-4777-6918-8 (pbk.) —
ISBN 978-1-4777-6919-5 (6-pack)
1. Public speaking—Juvenile literature. I. Title.
PN4129.15.H37518 2015
808.5'1—dc23
                    2014004539

Manufactured in the United States of America

CPSIA Compliance Information: Batch #WS14PK3: For Further Information contact Rosen Publishing, New York, New York at 1-800-237-9932

Contenido

¡Haz oír tu voz!

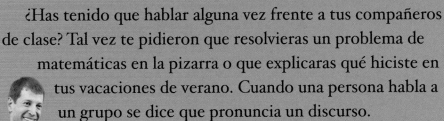

¿Has tenido que hablar alguna vez frente a tus compañeros de clase? Tal vez te pidieron que resolvieras un problema de matemáticas en la pizarra o que explicaras qué hiciste en tus vacaciones de verano. Cuando una persona habla a un grupo se dice que pronuncia un discurso. Algunos discursos pretenden informar sobre un tema o explicar el funcionamiento de algo. El propósito de otros discursos es **persuadir**, o convencer, a la gente para que piense de un determinado modo o haga ciertas cosas. Los activistas, o las personas que creen en una causa justa, pronuncian discursos para persuadir a los demás.

> Pronunciar un discurso implica varias destrezas: organizar ideas, tomar notas y hablar bien.

4

Hay gente que teme hablar en público. Pronunciar un discurso es una manera de vencer ese miedo.

Otras personas, incluyendo altos ejecutivos, científicos o abogados, dan discursos como parte de sus trabajos. Los políticos y otros funcionarios electos con frecuencia suelen pronunciar discursos frente a centenares, o incluso miles de personas.

El número de personas presentes no hace que un discurso sea importante o no. A veces, unas cuantas palabras bien dichas pueden tener un gran efecto aunque solo hables en tu escuela o a tu comunidad.

Consejos

Los discursos eficaces no necesariamente tienen que ser largos, mientras que logres informar o persuadir. En 1863, el Presidente Abraham Lincoln pronunció un discurso conocido como "Gettysburg Address", que duró solo dos minutos. ¡Y hoy sigue siendo uno de los discursos más famosos de la historia!

Discursos famosos

A lo largo de la historia, los buenos oradores han utilizado las palabras para cambiar la forma de pensar de la gente. Los grandes discursos pueden **motivar** a los demás a hacer cosas. En 1963, Martin Luther King Jr. pronunció su famoso discurso "Tengo un sueño" durante una marcha celebrada en Washington D. C. Su discurso reclamaba la igualdad de todos los seres humanos y el fin de la discriminación racial. El año siguiente, el gobierno de Estados Unidos aprobó la Ley de los derechos civiles

Martin Luther King Jr. pronunció su discurso "Tengo un sueño", el 28 de agosto de 1963. Sus palabras cambiaron el modo de pensar de muchos sobre el racismo y los derechos civiles.

Nelson Mandela fue el primer presidente negro de Sudáfrica. Aquí pronuncia un discurso en las Naciones Unidas.

de 1964. King fue galardonado con el Premio Nobel de la Paz por su trabajo a favor del movimiento de los derechos civiles.

Otros activistas han pronunciado importantes discursos para cambiar las leyes. Por ejemplo, antes de 1920 muchas mujeres en Estados Unidos no tenían derecho al voto. Las mujeres de Estados Unidos iniciaron el movimiento sufragista en defensa de su derecho a votar. Una de sus líderes, Susan B. Anthony, recorrió el país pronunciando unos cien discursos al año. Sus palabras incitaron a la gente a apoyar el derecho al voto para las mujeres.

Un discurso eficaz conmueve e inspira a quienes lo escuchan. Los discursos de Franklin Delano Roosevelt, Winston Churchill y Nelson Mandela lograron unificar a la gente en tiempos difíciles.

Elige una causa

Cuando Martin Luther King pronunció su discurso "Tengo un sueño" pretendía inspirar a la gente para que tratara como iguales a sus semejantes. ¿Qué querrías inspirar en la gente? ¿Qué sentimientos, qué actos? Cuando pienses en el tema de tu discurso piensa en lo que es importante para ti. ¿Te preocupas mucho por las cuestiones medioambientales? ¿Te preocupa el tema de la protección a los animales? ¿Eres vehemente y decidido en la cuestión de mejorar tu escuela o tu vecindario?

Quizá te resulte útil leer el periódico local o hablar con adultos que participen en asuntos relacionados con tu comunidad. Puedes enterarte de un problema o asunto que te gustaría ayudar a resolver. Si, por ejemplo, hay chicos en tu escuela o tu vecindad a quienes les preocupa mucho el acoso escolar, un modo de ayudarlos a resolver ese doloroso problema es animarlos a que hablen con adultos sobre incidentes de acoso. Otra forma sería la de comenzar un club que luche en contra del acoso escolar.

El acoso es un problema que afecta tanto a los chicos como a los adultos. Es un tema excelente para un discurso.

Cuando planees tu discurso es importante que te concentres en un tema. Imagina que presentas un problema y una solución. Debes exponer el problema y después argumentar por qué tu solución funcionaría. Un **argumento** es una afirmación, o varias, a favor o en contra de algo. Tu discurso, por ejemplo, podría centrarse en la importancia de que los chicos hablen con los padres sobre el acoso. Podrías argumentar que hablar sobre el acoso incrementa la **conciencia**. También puedes aducir que organizar un club para luchar contra el acoso escolar se lo pondrá más difícil a los acosadores.

Los abogados usan argumentos para persuadir a los jurados. Tu discurso debe contener un argumento para que quede claro qué pretendes comunicar.

Pueden interesarte muchos temas muy distintos, pero debes concentrarte en uno solo. Esto se llama claridad.

Tal vez tengas otras ideas para mejorar tu comunidad, como incrementar el número de semáforos en las calles o mejorar el parque de tu vencindario. Sin embargo, estos asuntos deben ser materia de diferentes discursos. Si te concentras en un tema, será menos probable que tus oyentes se sientan confundidos ante tus argumentos.

Escoge un lugar

El lugar donde vas a pronunciar tu discurso es importante. Debes pensar, a la hora de escoger el sitio, quién será la **audiencia**. La audiencia es el grupo de personas que acude a escucharte. Si el asunto está relacionado con la escuela, por ejemplo, la audiencia serán tus compañeros de clase, junto con profesores o miembros de la junta escolar. Si lo que quieres es que la administración local cambie una ley u otra cosa, te puede venir bien hablar en una reunión del ayuntamiento a la que asistan funcionarios electos.

Quizá tengas oportunidad de hablar en una reunión del ayuntamiento. Si es así, tu audiencia será tanto sus funcionarios como los demás asistentes a la reunión.

Si tu asunto se relaciona con toda tu comunidad, como el acoso escolar, tu audiencia serán los miembros de tu comunidad. Una biblioteca, una iglesia o un centro comunitario son buenos lugares donde hablar. Asegúrate de pedir permiso y prepara bien una explicación sobre el tema de tu discurso.

Si el tema está relacionado tanto con adultos como con chicos, pídele permiso a tu maestro para presentarlo ante tus compañeros. Puedes incluso solicitar permiso para hablar a todo el colegio en una **asamblea**.

Si hablas en tu escuela, asegúrate de dirigirte tanto a tus compañeros como a los profesores.

Consejos

Cuando sepas la fecha y el lugar de tu discurso, díselo a los demás. Prepara volantes y pégalos en tu vecindario. Si tu comunidad cuenta con un sitio web, pídele a un adulto que postee información sobre tu evento. ¡Cuanta más gente sepa de él, más gente a la que llegarán tus palabras!

Investigación y recursos

Para saber más de tu tema, necesitas **investigar**, o conocerlo a fondo. El argumento de tu discurso debe basarse en hechos. Si, por ejemplo, vas hablar del acoso escolar, debes recopilar hechos sobre cómo el acoso afecta a la gente. Tal vez descubras que los chicos que sufren acoso rinden menos académicamente. Y que los acosados suelen, con el tiempo, acosar ellos a otros.

Utiliza diferentes **recursos** durante tu investigación, como pueden ser la biblioteca escolar y la biblioteca pública, tus maestros y los periódicos. Internet es también un recurso excelente, pero recuerda que no toda la información que ofrece es **creíble** o digna de confianza. Los sitios web de museos, universidades y organismos gubernamentales son buenas fuentes de información fidedigna y actualizada. Para asegurarte de que la información es correcta intenta encontrar al menos dos fuentes creíbles que respalden cada hecho en que basarás tu discurso.

Las bibliotecas no solo son buenos lugares para obtener información, sino también para repasar y verificar tus fuentes y organizar tu discurso.

Organizar y planificar tu discurso

Si has terminado tu investigación, ha llegado el momento de escribir tu discurso. El primer paso es clasificar tu información por categorías o grupos; un modo de hacerlo es utilizar fichas. Piensa que cada ficha es una parte de tu discurso. Escribe en una ficha toda la información que has encontrado sobre los tipos de acoso que ocurren en tu comunidad. En otra, apunta las observaciones que te parezcan pertinentes sobre cómo puede organizarse tu comunidad para combatir este problema.

Tipos de acoso

- acoso verbal
- acoso físico
- acoso en línea

Cuando pronuncies tu discurso puedes utilizar fichas, pero debes intentar memorizar el orden de tus ideas antes de pronunciarlo.

Siempre viene bien apuntar en fichas las cifras y hechos que hayas encontrado en el transcurso de tu investigación.

Una vez que tengas clasificados los hechos intenta colocar las fichas de diferentes modos. Descubre cuál es la mejor forma de que la información fluya de un tema al siguiente.

Tu discurso debe comenzar con la introducción: presentas el problema ante la audiencia y expones la posible solución. Las siguientes secciones de tu discurso tratarán sobre los hechos en los que se apoya tu solución. Debes terminar con una conclusión que ofrecerá un **resumen** de todo lo que has dicho, pero presentándolo de otra forma, nueva y más breve.

Durante tu discurso, hay muchos **recursos retóricos** que puedes utilizar. La retórica es el arte de hablar o de escribir eficazmente. Recursos tales como el humor, las metáforas y el simbolismo sirven para captar la atención de tu audiencia y llegar al público.Las anécdotas, pequeñas historias sobre hechos interesantes o divertidos, son en ocasiones el mejor modo de presentar un tema o de resumirlo en las conclusiones.

Aunque planificar un discurso se parece mucho a escribir un trabajo escolar, no es necesario tenerlo

Aristóteles fue un filósofo de la antigua Grecia, y escribió *Retórica*, un ensayo sobre el arte de hablar en público.

todo por escrito. Si te parece útil redactarlo debe ser exclusivamente para practicar. Cuando llegue el día del discurso, no debes leerlo; eso te impediría establecer contacto visual y conectar con tu audiencia. En lugar de ello, apunta palabras y frases clave en fichas o notas. ¡No tendrás más que echarles un vistazo para recordarlas!

Si lees o fijas la vista en tu escrito, y no miras a la audiencia, la gente no percibirá que tienes confianza en lo que expones.

¡Una imagen vale más que mil palabras!

Tal vez quieras utilizar ayudas visuales durante tu discurso, tales como gráficos, diagramas o incluso un breve vídeo. Los elementos visuales resultan muy útiles para transmitir información que llevaría mucho tiempo explicarla sin ellos. Por ejemplo, el gráfico adecuado puede mostrar con facilidad y rapidez cuándo las personas son víctimas de acoso o cuántos dicen que han acosado a otros. Fotos de niños tristes, que han sido acosados, sirven para crear una reacción emocional en tu audiencia.

Usa gráficos para mostrar tendencias. Una tendencia es algo que ocurre con cierta frecuencia a lo largo del tiempo.

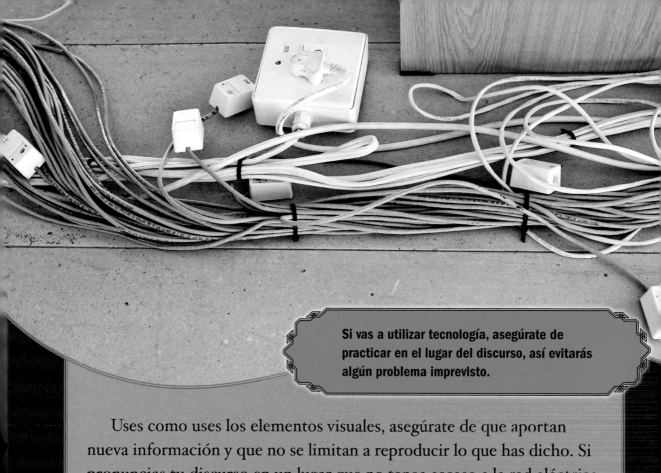

Si vas a utilizar tecnología, asegúrate de practicar en el lugar del discurso, así evitarás algún problema imprevisto.

Uses como uses los elementos visuales, asegúrate de que aportan nueva información y que no se limitan a reproducir lo que has dicho. Si pronuncias tu discurso en un lugar que no tenga acceso a la red eléctrica, utiliza carteles y un atril para presentar los elementos visuales. Si tienes acceso a la red eléctrica considera la posibilidad de usar recursos como PowerPoint o Keynote de Apple para crear elementos visuales que puedas presentar desde una computadora o una tableta.

Consejos

Si utilizas elementos visuales, tenlo en mente cuando elijas el lugar del discurso. Asegúrate de disponer del equipo necesario, como micrófonos, proyectores y computadoras. Si quieres mostrar un vídeo, asegúrate de tener una pantalla grande para que la audiencia pueda verlo con claridad.

Pratica, practica, practica

La frase "La perfección se alcanza con la práctica" ¡es cierta cuando se trata de discursos! Ensayarlo te permite oír cómo suena dicho en voz alta y tienes la posibilidad de modificar las partes confusas o que no fluyen bien. ¡Con la práctica ganarás confianza y no te pondrás nervioso cuando estés delante de una gran audiencia!

Intenta pronunciar tu discurso frente al espejo. Esto te ayudará a recordar que debes mirar a tu audiencia.

Si intercalas algún chiste en el discurso, debes hacer una pausa mientras la gente ríe. Si sigues hablando, no te escucharán.

Tienes que ensayar en voz alta al menos durante unos cuantos días antes del discurso, lo que te permitirá saber si hay palabras o frases difíciles de decir. Debes practicar con el **volumen** adecuado. Tal vez te resulte raro hablar en voz alta solo, en tu cuarto. Sin embargo, si vas a pronunciar el discurso en una sala grande llena de gente, tienen que oírte. Comprobarás que hablar en voz alta modifica tu respiración y las pausas que haces. Por eso lo mejor es practicar hablando con el tono más parecido posible a cómo hablarás el gran día.

Cuando te sientas cómodo con tu discurso, pídeles a unos cuantos amigos o familiares que hagan de público y escuchen. Preséntalo como lo harás el gran día, con las mismas pausas, los gestos y los elementos visuales. Observa mientras hablas si todos prestan atención y parecen interesados en lo que dices. Cuando termines de hablar, pídeles a los asistentes que hagan los **comentarios** que crean oportunos y ruégales que sean sinceros para que sus comentarios te ayuden a mejorar. Puedes incluso preguntarles cosas como <<¿Qué parte te gustó más?>> o <<¿Te pareció algo confuso?>>. Otra posibilidad es grabar en vídeo el discurso y verlo después a fin de modificar lo que no te guste, quitar pasajes o añadir cosas que se te hayan olvidado.

Debes medir el tiempo de tu discurso para saber cuánto tiempo te tomará ese día. Si tienes un tiempo determinado para hablar, tendrás que decidir si tienes que acortar algo de tu discurso.

Si tus oyentes se limitan a decirte que has estado genial, pídeles que sean más específicos con sus comentarios para saber cómo mejorar tu discurso.

El gran día

¡Ha llegado el gran día! Mucha gente se pone nerviosa cuando tiene que hablar frente a otros. Si eso te sucede, piensa que es completamente normal.

El día del discurso intenta llegar pronto al lugar elegido para que tengas tiempo de preparar todo lo necesario. Deberás comprobar que los micrófonos y el equipo visual funcionan. Llegar pronto te permite también familiarizarte con el salón. A veces es útil ponerse de pie en el estrado y respirar profundamente unas cuantas veces para relajarte.

Esta joven repasa las notas de su discurso en una tableta. Asegúrate de repasar en tu mente el discurso antes de subir al estrado.

Llega pronto el día del discurso si es posible. De este modo puedes familiarizarte con la escena y el tamaño del salón

Saluda y preséntate a quienes vayan llegando. Puedes preguntarles cómo se han enterado de tu discurso y si están familiarizados con el tema que trata. Conocer de antemano a unos cuantos miembros de la audiencia hará que te sientas más cómodo cuando llegue el momento del discurso. Piensa que vas a hablar a un grupo de amigos o conocidos, no que vas a dirigirte a extraños.

Comienza presentándote al público. Además de informarles sobre quién eres, te dará unos momentos para sentirte cómoda en el escenario.

Cuando la gente se pone nerviosa habla precipitadamente y a veces de forma ininteligible, lo que hace que la audiencia tenga más dificultad para seguir las ideas que se presentan. Según hablas, recuerda que tienes que tomarte tu tiempo. Si te pierdes, no te preocupes: usa las fichas para recordar lo que querías decir. Es siempre mejor tomarse un momento para volver al punto en el que estabas que hablar de otras cosas.

Si te gustaría que grabaran o filmaran tu discurso, pídele a alguien con anticipación que lo haga. Con el permiso de tus padres puedes subir el vídeo a Internet para atraer más atención sobre tu causa. También puedes enviárselo por correo electrónico a la gente que no pudo asistir.

Puedes pedirle a tus padres o a un amigo que grabe tu discurso.

Consejos

Pronunciar el discurso puede inspirarte a crear tu propio sitio web sobre el asunto. Puedes incluir el vídeo del discurso y su transcripción. Otra posibilidad es ofrecer una lista de recursos que la gente pueda utilizar para ampliar sus conocimientos sobre el tema. Añade enlaces a sitios de Internet que creas útiles.

Aprender y crecer

Después del discurso, tómate un tiempo para pensar cómo te salió. ¿Quedaste contento con tu presentación? ¿Hubo cosas que te gustaría mejorar para la próxima vez? A lo mejor te sentiste cómodo contando anécdotas divertidas, pero no estableciste suficiente contacto visual con la audiencia. Tener presente tus puntos fuertes te ayudará a planear el próximo discurso. Tener claros tus puntos débiles te permitirá saber qué necesitas mejorar.

Si tienes convicciones fuertes acerca de tu causa, piensa en la posibilidad de integrarte en una organización local de apoyo a esa causa. Poder hablar con confianza y bien en público es una de las destrezas más útiles que puedes aprender. ¡Cada vez que te pones delante de una audiencia, refuerzas tu confianza para la próxima vez!

Muchas escuelas eligen a un estudiante para que pronuncie un discurso en la graduación. Si te gusta hablar en público, ponte como meta dar el discurso de graduación de tu escuela.

30

Glosario

argumento Afirmación hecha para persuadir.

asamblea Reunión de personas por un motivo o un
propósito común.

audiencia Grupo de personas que ve y escucha algo.

conciencia Conocimiento de lo que sucede a tu alrededor.

creíble Que es veraz, fiable, digno de confianza y de ser
tenido en cuenta.

comentarios Afirmaciones, en general valorativas, que alaban
o critican una determinada cosa.

motivar Animar a tomar determinadas decisiones o a no
tomar otras.

persuadir Convencer mediante argumentaciones
o razonamientos.

investigación Estudio cuidadoso.

recursos Todo aquello que podemos utilizar en provecho de
nuestros fines.

retórica Los recursos que permiten escribir o hablar
con eficacia.

resumir Extraer lo más importante de un texto, abreviándolo.

volumen de voz Lo alto o lo bajo que se habla.

Índice

Sitios de Internet

Debido a que los enlaces de Internet cambian a menudo, PowerKids Press ha creado una lista de los sitios Internet que tratan sobre el tema de este libro. Este sitio se actualiza con regularidad. Por favor, usa este enlace para ver la lista:
www.powerkidslinks.com/beacl/spee/